100则社交故事和安全意识训练手册

100 Stories of Social and Safety Awareness

Makoto Shibutani（M.A., BCBA）
原著 & 插图

马凌冬（M.S., BCBA）
编 译

贾 萌（M.S., BCBA）
图片编辑

北京大学医学出版社

100 ZE SHEJIAO GUSHI HE ANQUAN YISHI XUNLIAN SHOUCE

图书在版编目（CIP）数据

100则社交故事和安全意识训练手册 / （日）涩谷真原著；马凌冬编译．—北京：北京大学医学出版社，2023.2
书名原文：100 Stories of Social and Safety Awareness
ISBN 978-7-5659-2576-4

Ⅰ．①1…　Ⅱ．①涩…②马…　Ⅲ．①孤独症－儿童教育－特殊教育　Ⅳ．①G766

中国版本图书馆CIP数据核字（2021）第277609号

北京市版权局著作权合同登记号：图字：01-2021-0451

The original English language work:
100 Stories of Social and Safety Awareness
ISBN 9798675205882
Makoto Shibutani

100 则社交故事和安全意识训练手册

编　　译： 马凌冬
图片编辑： 贾　萌
出版发行： 北京大学医学出版社
地　　址：（100191）北京市海淀区学院路38号　北京大学医学部院内
电　　话： 发行部 010-82802230；图书邮购 010-82802495
网　　址： http：//www.pumpress.com.cn
E-mail： booksale@bjmu.edu.cn
印　　刷： 中煤（北京）印务有限公司
经　　销： 新华书店
策划编辑： 药　蓉
责任编辑： 陈　然　娄新琳　**责任校对：** 靳新强　**责任印制：** 李　啸
开　　本： 889 mm × 1194 mm　1/16　**印张：** 8.75　**字数：** 52千字
版　　次： 2023 年 2 月第 1 版　2023 年 2 月第 1 次印刷
书　　号： ISBN 978-7-5659-2576-4
定　　价： 80.00元

内容简介

本书由 Makoto Shibutani 撰写并提供插图。Makoto 是一名国际应用行为分析师（BCBA），自 2004 年以来，他一直致力于发育障碍儿童和成年人的治疗工作。他在美国、中国和日本为教师和家长提供行为培训。Makoto 也是一名艺术家，他用自己的插图故事向患有孤独症、阿斯伯格综合征、唐氏综合征和其他相关障碍的儿童教授社交和安全意识。

这本书中包括 50 个社交故事和 50 个安全意识故事。每个故事都配有一幅相关插图，孩子可以在您给他（她）读故事的时候看图片。插图简单、清晰，便于孩子理解。本书是以数据为基础的，附有数据表清单，以便您能在孩子每次表现适当或不适当行为时记录数据，并看到孩子的进步。

应用行为分析研究表明，一种行为是由一系列后果维持的。因此，当孩子表现适当行为后，您必须立即提供一个积极的后果，比如赞扬、给他（她）一件喜爱的物品，或让他（她）从事一项喜爱的活动，以便在使用本书时增加这些行为发生的频率。

中文版序

作为一名国际应用行为分析师（BCBA），我在从事孤独症干预治疗的十多年中，参与并督导过几百例孤独症行为干预方案，有在美国、中国和日本培训家长与特教老师的丰富经验。在日本我曾经做过美术老师和插图画家，后来又在美国加州州立大学长岛分校进修过美术插图。做老师的早期经历让我认识到有不少孩子需要特殊的帮助，这让我渐渐地对孤独症的行为干预有了兴趣。在运用行为干预知识帮助孤独症儿童的过程中，我发现我的绘画才能在教授这些有特殊需要的孩子时非常实用。对于很多教学的难题，当我把它们画出来时，孩子们的理解力会大大增强。

从 2003 年开始，我陆续出版了多本孤独症行为干预和其他儿童读物，目前在美国亚马逊的销量已经超过 1 万册。我于 2010 年创办了“美国莱诺图书出版公司”，其宗旨是帮助有特殊需要的儿童取得更大的进步。我们以应用行为分析为理论基础，根据我和同事们多年的孤独症干预治疗和特殊教育临床经验，为广大家长和特教老师设计了大量丰富的、个性化的教学产品，帮助有特殊需要的儿童提高各方面的能力，发挥出更大的潜能。

针对孤独症儿童在社交上的挑战，我绘制了这本《100 则社交故事和安全意识训练手册》。2010 年英文版出版后深受广大家长和孩子们的欢迎。2023 年此书由我的同事马凌冬女士翻译成了中文，我很高兴北京大学医学出版社出版此书。希望这本书能够帮助到更多的中国家长和老师们。

Makoto Shibutani，M.A.，BCBA

写在前面的话

本书使用说明

Makoto 与我共事多年，他在孤独症领域的专业知识和绘画才能帮我们的治疗团队解决过不少棘手的问题。在广大家长和专业人士的强烈要求下，Makoto 这本社交故事书终于问世了。这本书的英文版目前被很多美国的家长和老师们采用。

我很荣幸有机会承担此书的中文编译工作。Makoto 及其团队有着多年的孤独症干预治疗经验。这本社交故事书对于孤独症儿童的薄弱环节（比如刻板行为、情绪表达障碍、最常出现理解偏差和困扰的社交情景），有很强的针对性。为方便广大家长和老师使用，调动孩子的积极性，促进家长与孩子的互动，巩固孩子已经掌握的技能，作为中文版的编译者，我想对大家如何有效地使用本书提些建议。

——什么是社交故事？

社交故事是由美国著名的孤独症咨询师 Carol Grey 女士开创的一种教育方法。目的是教授社交技能，帮助孤独症儿童理解复杂的社交场合。社交故事通常从儿童的视角出发，描述在各种社交情景下该说什么、做什么。社交故事通过客观的、直接的、描述性的语言，着重于情感方面的反应，比如："每天早晨上学时，我会给妈妈一个拥抱，跟妈妈说再见，这样妈妈会很高兴。"社交故事适用于能够听从简单指令，有一定认知水平的孤独症儿童。与普通儿童读物相比，社交故事具有以下几个特点：

- 每个故事主题明确，文字简短。
- 个性化，具有针对性。
- 使用简单易懂的语言。
- 以第一人称编写，从儿童的视角出发。
- 通过文字、图像的描述，帮助孩子认识并理解社交情景。
- 分析在特定社交情景中，别人所期望或者可以接纳的行为表现是什么。

——有效使用本书的建议

社交故事把复杂的社交情景分解成简单的小故事，更容易被孩子接受，被证明能有效增加社交理解力和回应。我们鼓励家长和老师坚持给孩子读社交故事，因为语言浅显易懂。家长可以与孩子一起阅读或者让孩子独立阅读。有经验的家长，可以在这本社交故事书的基础上，加入自己孩子生活中的照片或录像，为孩子量身定制个性化的社交故事，从而增加针对性和有效性。

社交沟通障碍是孤独症儿童的核心问题。本书包括 50 则社交故事和 50 则安全意识训练，便于家长进行早期干预，用视觉效果弥补孤独症孩子语言上能力的不足。每个故事用几个短句阐述中心思想，搭配活泼精致的彩色插图。家长要明确具体教授哪种能力，孩子是否具备学习这种能力的预备技能。建议把这本书放在方便拿到的地方，比如家长的包里、客厅或者车上。

本书浅显易懂，适用于发展年龄在6岁以下的儿童。鉴于每个孩子的能力、兴趣、需求不同，建议家长和老师拿到这本书，先读一读故事内容，再决定你讲述的时候是否需要做些改动。如果孩子发展程度较高，可以让内容再丰富些，句型再复杂些。如果孩子发展程度还不够，请先教授预备技能，比如需要理解符号、文字，学习区辨图片。然后再根据孩子的程度，选择是读给他听，和他一起读，还是让他自己读然后再跟他一起讨论。

使用此书时，我们鼓励采用应用行为分析（applied behavior analysis，ABA）的原理来练习，练习中运用一些基本的ABA知识：

- 强化物：有力的强化物不可缺少。每次孩子把书中学到的内容正确运用到生活中，家长要及时给予强化物。比如：如果每天孩子阅读两个社交故事，坚持一周，可以奖励他去动物园。
- 代币制：为了鼓励孩子与家长互动，提高孩子学习社交技能的积极性，本书附带7张不同主题的彩色代币板。家长可以复印或者加塑料压膜，反复使用。根据孩子的兴趣，选择有效强化物。比如植物大战僵尸的代币板涂满了，家长就需要给孩子另一个有力的强化物。
- 热身练习：家长如果预先知道某个社交场景会出现，比如后天就是国庆节，那么可以从今天开始跟孩子一起阅读国庆节的故事。
- 示范/塑造：不要小看示范的作用，尤其是同伴示范。学习一个场景后，家长可以邀请孩子的同伴来玩，设计类似场景，让正常发展的孩子有机会给予示范，从而一步步塑造孩子良好的社交行为。
- 泛化：坚持在自然环境中不断泛化，巩固学到的社交知识。

- 辅助：家长要学会什么时候给予辅助，给予什么等级的辅助，以及什么时候需要撤除辅助。
- 行为连锁：把从不同故事中学到的多种技能串联起来，争取理解更复杂的社交情景。比如节日去朋友家做客，需要用到“问候”“告别”“节日”等几个故事的技能。

衷心感谢北京大学医学出版社对本书引进出版的大力支持。希望这本书对家长和老师以后编写孩子个性化的社交故事有所启发。希望通过不断的练习，每个孩子都能释放出自己的社交潜能。期待家长、老师和孩子的共同进步！

马凌冬，M.S.，BCBA

写在前面的话

本书优势

社交故事被认为是对孤独症谱系障碍人士有实证支持的干预方式之一（Steinbrenner, 2020）。社交故事是由 Carol Grey 女士开创的。本书的100 个故事符合社交故事 10.2 标准 (2014)，它们均是通过图片与文字结合的方式，以第一人称的视角，运用描述性语言，阐述 WH 问题（哪里、什么时候、谁、什么、如何或为什么），帮助读者了解在不同的场景中应该如何以适当的方式应对及其应对的原因，从而更好地处理各种社交环境和生活中的问题。

本书的优势有以下几点：

- 彩色人物场景图片搭配文字描述，生动形象，便于读者理解和应用。
- 文字段落中红色字体突出重点，点明主题。
- 每个故事的图片和文字篇幅适当、简洁明了，一页一故事，便于读者根据目录查找所需主题。
- 100 个故事中社交故事和安全意识故事各有 50 个，内容丰富，适合各个年龄层次的人士使用此书。

贾萌，M.S.，BCBA

参考文献：

- Steinbrenner J R, Hume K, Odom S L, et al. Evidence-based practices for children, youth, and young adults with Autism. North Carolina: The University of North Carolina at Chapel Hill, Frank Porter Graham Child Development Institute, National Clearinghouse on Autism Evidence and Practice Review Team, 2020.
- Comparison of Social Stories™ 10.0 – 10.2 Criteria. https://carolgraysocialstories.com/wp-content/uploads/ 2015/09/Social-Stories-10.0-10.2-Comparison-Chart.pdf

目录

社交
故事

安全
意识

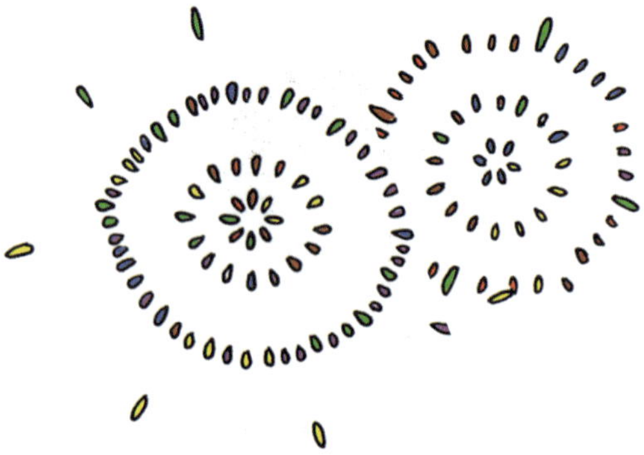

社交故事

001 问候（一）

大家见面的时候会互相问候。当我碰到认识的人，我会问候他们说：“嗨，你好！”当别人问候我的时候，我也会回答说：“你好！”

问候（二）002

我和朋友之间经常互相问候。当朋友问我：“你好吗？”我说：“很好。”“不错。”或者“非常好，谢谢你！”当我见到朋友时，也要问候他们：“你好吗？”

003 问候（三）

我和朋友之间用不同的方式互相问候。

有时候初次遇到的朋友，或者很久没见面的朋友会跟我握手。大人之间见面经常握手问候。握手是一种表示友好的方式。我握手的时候不会十分用力，因为那样会弄疼别人。

告别 004

当我离开的时候，我会跟朋友挥手告别。我会看着她的眼睛说：“再见！”或者说：“今天真高兴，下次我们还一起玩！”

005 眼神交流

当我和朋友说话的时候，我会看着他（她）的眼睛，认真听，并且回答问题。眼神交流非常重要。如果没有眼神交流，朋友们会觉得我没有在听他们讲话，或者不尊重他们。

感谢 006

当别人帮助我的时候，我会说：“谢谢你！”及时感谢帮助我的人，会让他很高兴，也会让他觉得我很有礼貌。

007 帮助

人们经常需要别人的帮助才能完成一项工作。当我看到有人需要帮助时，会尽量帮忙。能帮助别人解决问题，我会感到非常快乐。

关 心 （一） 008

我关心我的朋友和家人。看到他们不开心的时候，我会问："发生什么了？你没事儿吧？"如果他们想跟我聊一聊让他们烦恼的事情，我会耐心地倾听。

009 关心（二）

当我的朋友感到难过的时候，我会关心她并给她一个拥抱。我希望通过拥抱让她感觉我在关心她，这样她会感觉好一些。

朋 友 (一) 010

当我的朋友做了很出色的事情，比如考试得了满分，或者画画得了第一名，我会衷心地称赞他们，说：“你真棒！我为你感到高兴！”

011 朋友（二）

如果我的朋友有某件我很喜欢的东西，比如他有一个新手表，我会称赞他说：“我喜欢你的手表，它太酷了。”衷心地称赞朋友会让他很高兴。

欺凌 012

当我看到有人欺凌别的小朋友，我会跟他说：“你这样做是不对的，赶快停下来！”如果他不听，我会主动告诉家长和老师，让他们来制止这种欺凌行为。

013 礼貌（一）

当我需要从人群中穿过的时候，我会先取得对方的同意，说：“抱歉，请让我过一下。”如果我不打招呼就直接穿过去，大家会觉得我非常没有礼貌。

礼貌（二）014

我希望小朋友们跟我分享玩具。如果我讲话有礼貌，他们就会愿意跟我一起玩儿；如果我讲话粗鲁，没有礼貌，朋友们就不愿意理睬我，更不会跟我分享玩具。

015 礼貌（三）

朋友们在谈话时，我不会突然插话或打断他们，因为这是非常没有礼貌的行为。我会先在一旁静静地听，等到适当的时候再加入谈话。

礼貌（四）016

进入别人房间之前，或者进入洗手间之前，我应该先敲门，确认可以进入，我再进去。直接闯进去是没有礼貌的。

017 礼貌（五）

我尽量不在大家面前打嗝、打喷嚏，因为这样很不礼貌。如果忍不住一定要打，我会用手或者纸巾遮住嘴巴并说：“不好意思。”

果断（一）018

当有人欺负我的时候，我会很果断并且坚定地说：“住手！我不喜欢这样！”如果他还不停止，我会果断地去告诉老师和家长。

019 果断（二）

当我和小朋友玩耍的时候，如果他很果断地喊：“停！”我会马上停下来。因为如果他的语气很果断，他应该不是在开玩笑，而是真的感觉不舒服了，想停止玩游戏。

道歉（一）020

有时候会有意外发生。比如有时候我不小心绊倒了别的小朋友，我应该马上道歉，把小朋友扶起来，说："对不起，你没事儿吧？"

021 道歉（二）

如果我不小心弄坏了朋友的东西，我会诚实地告诉他发生了什么，并且跟他道歉。我的朋友可能会不高兴，但是我一定要诚实。东西是我弄坏的，我就要承认。

接受道歉 022

有时候我的朋友做了让我不高兴的事情，比如他把我的铅笔弄坏了。如果他不是故意的，并且跟我道歉说："对不起！"我会接受道歉说："没关系。"

023 轮流（一）

我的朋友正在玩儿一个玩具，我也很喜欢，但是这个玩具只能一个人玩儿。我会问他：“等你玩儿完了，我能玩儿吗？”轮流跟小朋友玩儿玩具是有礼貌的。看到喜欢的玩具，不管别人是不是还在玩儿就直接拿走，这样做非常没有礼貌。

轮流（二）024

我和朋友玩儿时，有一个玩具大家都想玩儿，这时候我们会轮流。我们会商量一下谁先玩儿，玩儿多久，然后谁第二，谁第三……我从来不霸占一个玩具很久，而让我的朋友在旁边一直等。

025 分享

当我有好东西的时候，不管是好吃的东西，还是好玩的玩具，我会想到跟我的朋友和家人分享。能够跟别人分享是件美好的事情。跟越多的人分享，快乐就越多。

等待 026

生活中很多时候需要等待。买电影票要等待，去银行取钱要等待，去医院看病也要等待……我等待的时候会很耐心，不会到处跑，也不会大声喊叫。

027 准时

我和朋友约好了某个时间见面，我会准时到达。我不喜欢迟到。让朋友等待是很不礼貌的。如果我经常不准时，朋友们会觉得我不尊重他们，以后就不会邀请我一起玩儿了。

吃饭（一）028

我吃饭的时候，如果嘴里有食物，就先不说话。需要跟朋友交谈的时候，我会把食物咽下去再说话。边吃饭边说话非常不礼貌。

029 吃饭（二）

爸爸妈妈辛苦了一天，我们一起吃饭时需要一个安静的环境。所以我在吃饭的时候，会静静地跟家人一起坐在餐桌旁的椅子上，而不会到处乱跑，更不会端着食物跑到客厅，边看电视边吃饭。

吃饭（三）030

我吃饭的时候从来不用手乱抓东西吃，我会用叉子、勺子或者筷子吃饭。我这样做很卫生，很讲礼貌，而且吃完饭我的手总是干干净净的。

031 写字/画画

我写字或画画的时候，会拿出纸、本子或者小黑板。我从不在别的地方乱写乱画，比如在墙上、家具上。那样很糟糕，因为清理墙上和家具上的字迹非常困难。

整理 032

玩儿完玩具，我会把它们整理好。写完作业，我会整理好书桌和书包。我要养成经常整理房间的习惯，记得每次用完东西放回原处。整齐的环境方便我找东西，也会让大家心情愉快。

033 礼物

在特殊的日子，比如庆祝节日或者生日的时候，人们会送礼物。比如妈妈过生日，我会送给她一个特别的东西，让她觉得开心。以后妈妈每次看到我送给她的这份生日礼物，就会想起她生日那天我们一起度过的快乐时光。

输得起 034

我跟朋友玩游戏的时候，有时候会赢，有时候会输。赢的时候我会很高兴，输的时候我会感觉不开心，但是我从来不发脾气。如果一输就不高兴、发脾气，小朋友以后就不会愿意跟我一起玩儿了。

035 洗手间（一）

我想大小便的时候，马上去洗手间。如果在公共场所或者我不熟悉的环境，我要及时问：“请问洗手间在哪里？”在洗手间里，我一定要记住把门关上。

洗手间（二）036

用完洗手间后，我一定要记得冲水。冲水很重要，是为了给后边使用洗手间的人一个干净的环境。然后我要记得洗手、擦手，保持卫生。

037 挖鼻子

挖鼻子是很不好的习惯，既不卫生，也不礼貌。如果我要清理鼻子，我会叫爸爸妈妈来洗手间帮我，或者自己去没人的地方冲洗，然后用纸巾擦干净。

换衣服 038

在公共场合换衣服是不文明的。我要换衣服的时候，需要找个隐蔽的地方，比如洗手间或者更衣室。确定这是只有我一个人的私人空间，然后记住把门关好，才开始换衣服。

039 安静（一）

在某些场所，我必须保持安静。比如在图书馆我们需要安静，在电影院我们也需要安静。如果我大声讲话，就会影响大家看书或看电影。如果我必须要说话，应该尽量把声音放低，或者到外面去说。

安静（二）040

家里每个人睡觉的时间都不一样，老人和小孩有时候会睡得早些。这时候我要保持安静，电视和游戏机的声音不能开得太大，说话声音也要轻。大家需要安静的环境才能好好休息。

041 扔垃圾

我把所有的垃圾都及时扔进垃圾箱。垃圾包括零食的包装袋、饮料瓶子、水果皮等。扔垃圾需要及时，不然垃圾会散发出臭气，家里会变得又脏又乱。

上学 (一) 042

我有时候坐校车去上学。爸爸妈妈会在门口跟我一起等校车。校车到了，门开了，我先对司机说："你好！"然后回头跟爸爸妈妈挥手说："再见！"有时候妈妈带我坐公交车上学，有时候爸爸开车带我上学。到了学校，我走进教室之前会跟爸爸妈妈说："再见！"

043 上 学（二）

我喜欢去上学。我在学校跟小朋友一起读书、画画、唱歌、讲故事、做游戏。我有不懂的事情可以问老师。老师和校长都很喜欢我。上学很有意思。

坐好 044

在学校和同学们坐在一起的时候，我把手放好，不到处乱摸乱动。安静坐好能让我专心听老师讲课，也能让旁边的同学专心听讲。

045 接受不同

每一个人都不一样。有的人皮肤黑一些，有的人皮肤白一些。有的人数学好，有的人体育好。有的人需要带助听器，有的人需要坐轮椅。我要接受这种不同。不同并不等于不好。世界很大，每一个人都不同，我尊重不同。

节日（生日）046

我过生日的时候，会举办生日聚会，请我的朋友们来玩儿。我们会一起做游戏、吹蜡烛、吃生日蛋糕。朋友们还会送生日礼物给我。每次过生日我都非常开心。

047 节日(情人节)

情人节是每年的 2 月 14 日。我在情人节会送卡片和礼物给我喜欢的人，让他们知道我很爱他们。我会跟我喜欢的人说：“情人节快乐！”

节日（国庆节） 048

每年 10 月 1 日是国庆节。国庆节会有 1 周的假期。亲戚朋友们会聚会，爸爸妈妈会带我出去玩儿。在国庆节我还能看到烟花。烟花的声音很大，但是非常美丽。

049 节日(万圣节)

万圣节是一年中最有趣的节日。我和小朋友们会装扮成各种有趣的人和动物，然后提着篮子到邻居家要糖。邻居打开门，小朋友们会一起喊：“给糖！不给糖就捣蛋！”每次我们都拿回家满满一篮子的糖，真是太开心了！

节日（圣诞节） 050

12 月 25 日是圣诞节。我们会看到圣诞老人、拉马车的麋鹿、各种美丽的圣诞树和彩灯，还会收到圣诞礼物。圣诞节期间大家见面会互相问候："圣诞快乐！"

安全意识

051 马路安全（一）

外出散步的时候，我从不乱跑。我拉着大人的手，走在人行道上。马路上有各种各样的车，开得很快。靠近马路行走是很危险的事情。

马路安全（二）052

不是什么地方都可以过马路。需要过马路的时候，一定要找到斑马线。过马路之前要先向左看，再向右看，然后再向左看，确保两边都没有车子以后，我才安全通过。

053 马路安全（三）

我过马路时，要看交通指示灯。交通指示灯变成绿灯，或者出现一个人走路的标志，就说明行人可以过马路。然后我会将马路左右两边都查看一下，真正确定没有车子，才过马路。

马路安全（四）054

我从来不在马路上玩耍。马路上的车子来来往往，非常不安全。我如果需要宽敞的地方踢球或者做游戏，就会跟小朋友去公园或者小区的游乐场玩耍。

055 马路安全（五）

看到马路旁有人施工，或者有施工的牌子，我会尽量绕着走。因为施工地点很乱，还会有很多尘土，既不安全也不卫生。

马路安全（六）056

当我过火车轨道的时候，一定要非常小心。我要先看交通指示灯，确保通行的绿灯亮着，安全杆升上去了。然后我还要左右观望，确保没有火车通过，我再穿过。

057 火车站

我等火车或者地铁的时候，要站在安全线以内，千万不要靠近轨道。火车和地铁的速度非常快，我们一定要站在安全线以内。如果太靠近轨道，是件非常危险的事情。

游乐场 058

公园的游乐场有不少会旋转的设施。它们正在旋转时，我从来不靠近，更不会去碰它们。因为如果离它们太近或者触摸它们，我会很容易受伤。

059 陌生人（一）

凡是我不认识的人，都是陌生人。陌生人跟我讲话的时候，我一概不回答。如果陌生人不停地跟着我，或者劝我跟他走，我会找离我最近的大人帮忙，比如警察叔叔、老师或者邻居。

陌生人（二） 060

当有人敲门时，我会先从门镜看看是谁。如果是我不认识的陌生人，我不会回答他，更不会去开门，我会告诉爸爸妈妈门口有陌生人。

061 外出购物

我跟爸爸妈妈外出购物的时候，一定要跟他们在一起，不能自己到处乱跑。不然商场很乱，人很多，我可能会走丢。

走丢 062

我走丢的时候，要马上找商场的售货员，或者找穿制服的保安叔叔，告诉他们我迷路了。我一定要牢记家里的住址和爸爸妈妈的电话号码。这样走丢的时候能够很快联系到家里人。

063 健康（一）

为了保持身体健康，我要养成经常洗手的好习惯。每次从外面回到家、每次用完洗手间、每次吃饭以前，我都会把手洗干净。

健康（二）064

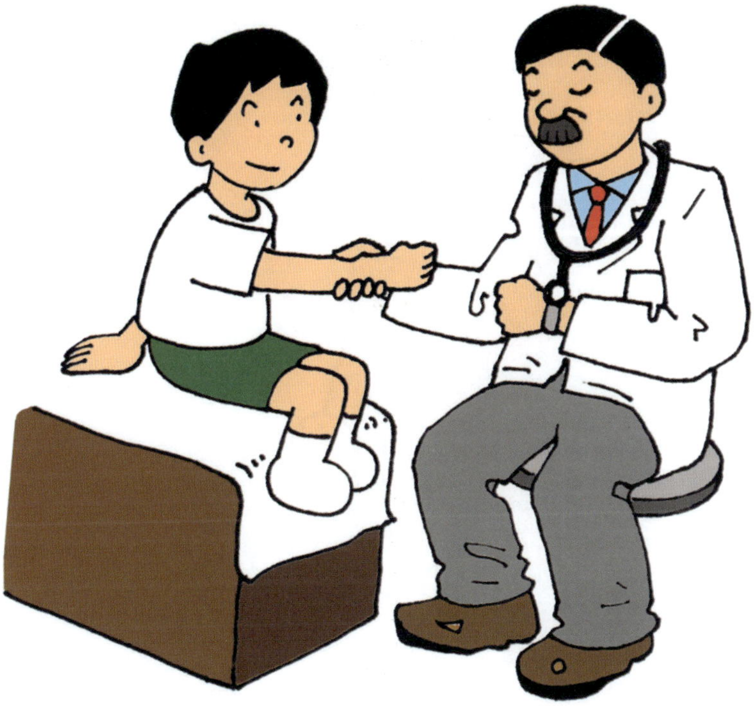

定期看医生是保持健康的好习惯。有时候我看医生是因为生病了，有时候是要定期检查身体。医生最少每年帮我做一次身体检查，确保我健康。

065 健康 (三)

我咳嗽或者打喷嚏的时候，会用手捂着嘴。这样我就不会把病菌传染给别人。冲着别人咳嗽或者打喷嚏，不但不礼貌，也不健康。

健康（四）066

有时候我生病了需要吃药。这些药味道不太好，但是我必须吃。因为吃药会让我的病好得快些，会让我更健康，让我的身体更强壮。

067 健康（五）

有时候我不小心摔倒或者碰伤自己，我需要贴上创可贴。这样病菌就不会进入到我的身体。如果伤口感染，我会生病。

健康 （六） 068

看电视的时候，为了保护眼睛，我和电视之间要保持一段距离。看一阵儿后，我要休息一下眼睛。如果一直盯着电视看，会影响视力。我不想早早就戴上眼镜。

069 交通工具（一）

每次乘汽车、飞机，我坐好后第一件事就是要系好安全带。如果汽车突然停下或者碰到事故，安全带会保护我少受伤害。

交通工具（二）070

我乘车的时候，从来不把手伸出窗外。汽车开动的时候，如果我的手伸在车窗外面，对面的车开过来，会非常危险。

071 交通工具（三）

我喜欢骑自行车。我每次骑车的时候都记得戴头盔。头盔可以保护我的头部不受伤。如果我忘记戴头盔，万一跌倒，情况就会比较糟糕。

交通工具（四）072

飞机飞得很高很快，能把我带到很远的地方。坐飞机是一件非常令人兴奋的事情。坐飞机的时候我要遵守规则，听从空中乘务员的指示，比如系好安全带、不到处乱跑、不大声吵闹。

073 危险物品（一）

当我看到蜘蛛或者不认识的虫子，我不去摸它们。蜘蛛可能会咬人，也可能有毒，摸了会很危险。我会叫爸爸妈妈来处理。

危险物品（二）074

看到玻璃物品被打碎，我会尽量远离地上的碎玻璃，然后马上告诉大人，让大人及时清扫干净。碎玻璃在地上很危险，容易伤到别人。

075 危险物品（三）

我从来不玩电器上的插销和墙壁上的插座。带电的物品有危险，它们不是玩具。如果我需要接上电源，应该请爸爸妈妈来帮忙。

危险物品（四）076

火的用处很多，我们可以用火来照明、取暖、做饭……但是火也很危险，会带来安全问题。火柴、打火机、家里的煤气炉、过节时的烟花爆竹等都应该由大人点燃。我要远离这些跟火有关的东西，避免危险。

077 剪 刀

我需要用剪刀的时候，一定要先稳稳地坐在桌子旁边，再开始使用。我不能一边拿着剪刀一边到处跑，这样很容易受伤。

家具 078

家里有很多家具。爸爸妈妈买家具是为了我们生活方便，不是让我爬上爬下。如果我爬到家具上面，家具倒下来，我会被砸倒，会受伤。

079 关门

每次关门之前，无论是房门，还是车门，我都要小心，看一下门旁有没有别人。这样就不会碰到别人，或者夹到别人的手指。

烟花 080

放烟花很好玩，但是安全更重要。烟花爆竹是危险品，不是玩具！它们易燃易爆，需要正确使用。放烟花的时候，我一定要跟大人在一起。

081 婴 儿

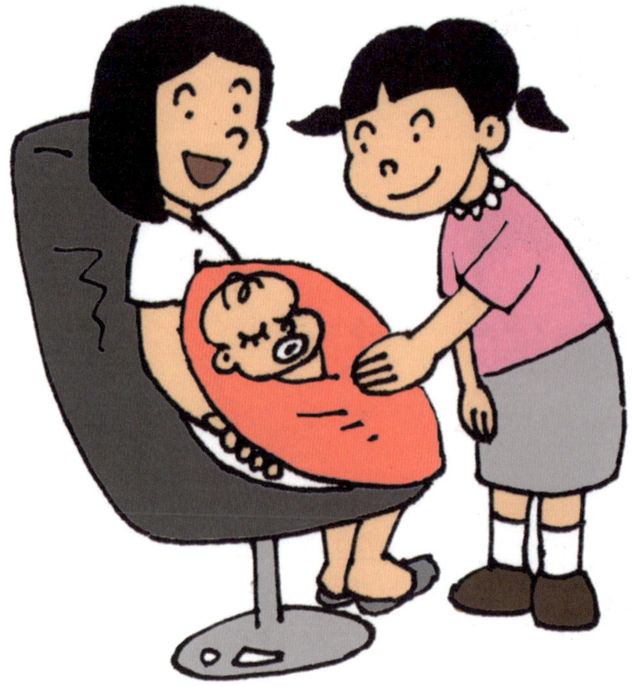

新出生的婴儿非常柔软，他们会对着我笑，非常可爱，但是婴儿的身体还远远没有长好。我不能抱他们，可以摸摸他们可爱的小脸，但一定要轻轻地，非常小心。

小动物（一）082

散步时会看到可爱的小动物，我很想摸一摸。首先我要问小动物的主人，征求他的同意。如果他说可以，我才摸。随便去摸别人的宠物，是没有礼貌的。

083 小动物（二）

小动物像婴儿一样小小的，软软的，非常可爱。它们很喜欢跟我玩儿，也喜欢让我抱着。我跟它们玩儿的时候，不能用太大的力气。

洗澡 084

我每天都洗澡淋浴，我的身体和头发总是干干净净的。保持身体干净是很好的卫生习惯。如果我不洗澡，就会脏兮兮的，不但我自己会感觉不舒服，周围的人也不会喜欢跟脏兮兮的人做朋友。

085 剪指甲

我的指甲长得很快，妈妈经常帮我剪指甲。指甲太长，里面会藏很多脏东西，既不卫生，也容易抓伤人。等我长大些，会学着自己剪指甲。

刷牙 086

我每天至少刷两次牙，早晨醒来和晚上睡觉前。经常刷牙会保护我的牙齿健康。如果我不刷牙，会长虫牙，虫牙会让我的牙齿很疼。

087 擦鼻子

感冒或者过敏的时候，我会流鼻涕。流鼻涕让我很不舒服。出门的时候我应该在口袋里带足够的纸巾，方便随时擦鼻子，保持干净。然后我会记得把纸巾丢进垃圾箱。

擦防晒霜 088

夏天阳光强烈，为了保护我的皮肤不被太阳晒伤，出门前我会记得擦防晒霜，然后戴上帽子。尤其去游泳或者去海边之前，擦防晒霜很重要。

089 理发

头发长得太长就不帅了，需要去理发。当我理发的时候，我会安静坐好，不乱动。因为我如果乱动就会影响理发师，结果不是弄坏发型就是弄伤自己。

紧急情况（一）090

如果看到有人跌倒或者受伤，我会马上叫大人过来帮忙。大人可以帮助他检查伤口，看看情况是不是很糟糕，要不要去医院。

091 紧急情况（二）

发生地震的时候，周围所有的东西都在晃动，非常可怕。这时候我会尽量保持冷静，听大人的话。爸爸妈妈说应该躲在哪里，或者应该从哪里跑出去，我会按照他们的指令去做。

紧急情况（三）092

如果我看到着火了，我会大声喊："着火了！有人吗？"并及时告诉附近的大人，让他们打电话给消防队。因为火势会发展得很快，如果到了无法控制的时候，会非常危险。

093 紧急情况（四）

天气非常糟糕，外面打雷下雨刮大风的时候，屋子里有时会停电，黑漆漆的非常可怕。这时候我会搂着爸爸妈妈，跟他们待在一起，这样我就不害怕了。

食物掉在地上 094

食物掉在地上就脏了，我从不捡起来吃掉，那样会把细菌吃进嘴里，让我生病。我会把掉在地上的食物捡起来，扔进垃圾箱。

095 过敏

有些东西我天生不能吃，或者不能碰。吃了或碰了就会生病，我们叫过敏。

我一定要记清楚自己对什么过敏，比如不能吃什么东西、不能碰什么东西，这对自己的安全和健康非常重要。

游泳 096

每次我想游泳，都会问家长可不可以。我从来不自己偷偷跳进游泳池。如果家长不知道我在游泳池里，万一我出了事情，需要帮助，没有人会知道。这样非常危险。

097 洗 牙

我定期来牙医诊所清洁牙齿。当牙医给我洗牙的时候，我的牙齿会感觉比较酸痛。洗牙器发出的声音也会让我紧张。这时候我会尽量想些高兴的事情，转移自己的注意力，或者用力攥着某个玩具，这样可以帮助我缓解紧张。

扶梯 098

乘坐扶梯的时候，我用手紧扶着扶手，身体不动。扶梯慢慢滚动，带我上楼或者下楼。我会一直注意脚下。当扶梯快走到尽头的时候，我需要迈一大步，稳稳地回到平地上。

099 厨房

厨房不是玩耍的地方，厨房是大人做饭的地方。厨房里有很多锋利的厨具，比如菜刀、叉子……我在这里玩耍会很危险。

湿地板 100

当地板是湿的时候，我走路要小心，千万不能跑。如果跑，我可能会滑倒并受伤。看到湿地板的牌子，我要记得绕着走。

清单
CHECKLIST

冷试探数据 PROBE DATA

日期	反应（Y/N）	笔记

练习 PRACTICE

日期	角色扮演反应（Y/N）	泛化 1 ______ ______（Y/N）	泛化 2 ______ ______（Y/N）	泛化 3 ______ ______（Y/N）	泛化 4 ______ ______（Y/N）	泛化 5 ______ ______（Y/N）	笔记

趣味填色代币板
⑨ 太阳
目标
⑦ 金星
⑧ 水星
⑤ 火星
⑥ 地球
④ 木星
起点
① 海王星
② 天王星
③ 土星

趣味填色代币板
目标
10
4
9
5
3
8
6
2
1
7
起点

趣味填色代币板
目标
起点
1
2
3
4
5
6
7
8

趣味填色代币板
1
起点
2
3
4
5
目标

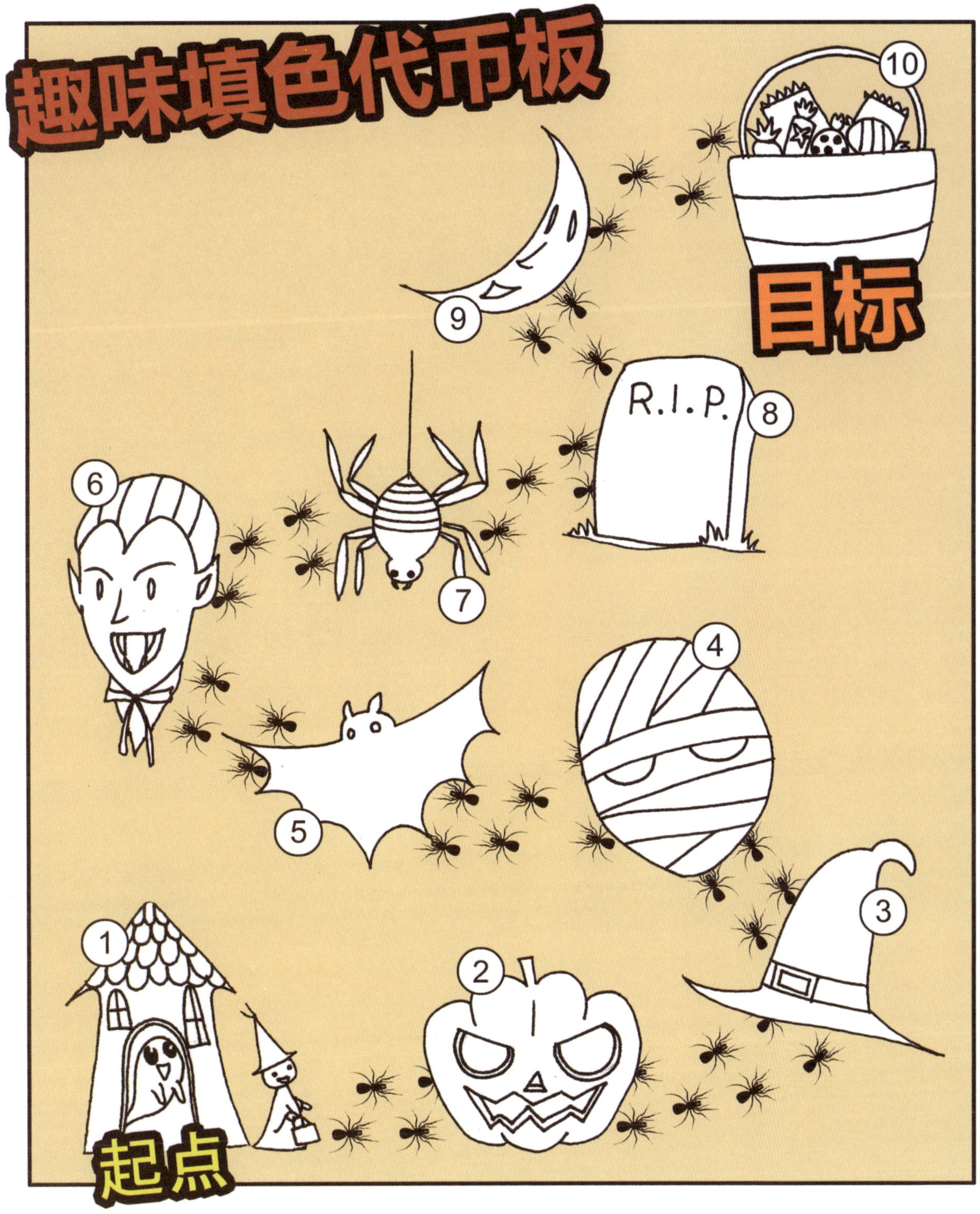

趣味填色代币板
10
目标
9
R.I.P.
8
6
7
4
5
3
1
2
起点

趣味填色代币板
目标
起点
1
2
3
4
5
6

趣味彩色代币板
目标
5
3
4
1
2
起点

举例

每次孩子得到一个代币，
就可以用彩笔划掉一个怪兽